지구가 좌충우돌

글 오주영

글쓰기와 책 읽기를 너무너무 사랑하는 글쟁이입니다.
제13회 창비 좋은어린이책 공모전에서 대상을 수상하고
제10회 푸른문학상 아동·청소년 평론 부문에서 신인상을 수상했습니다.
쓴 책으로『이상한 열쇠고리』,『한입 꿀떡 요술떡』,『거인이 제일 좋아하는 맛』,
『수학왕 바코』,『다람쥐 무이의 봄』등이 있습니다.

그림 심보영

서울에서 태어나 디자인을 전공했습니다.
그러다 그림책의 매력에 빠져 글 속 이미지를 찾아내는 일을 하게 되었습니다.
그린 책으로는『어린이 농부 해쌀이』,『세계사와 함께 보는 어린이 한국사 2』,
『세계사와 함께 보는 어린이 한국사 3』등이 있습니다.

감수 정관영

서울대학교에서 화학 및 화학교육을 전공하고 동대학원에서 석사 학위를,
미국 퍼듀 대학교에서 이학 박사 학위를 받았습니다.
고등학교 화학Ⅰ·화학Ⅱ 교과서를 집필했으며, 현재 서울과학고등학교 화학 교사로 재직 중입니다.
지은 책으로는『탄소는 억울해!』,『원리를 찾아라, 생활 속 분자』,
『어린왕자가 사랑한 지구의 낮과 밤』,『어린왕자가 사랑한 지구의 사계절』이 있습니다.

오늘은 자연사 박물관으로 견학을 왔어요.

석우는 지금 혼자예요. 얼마 전에 전학 와서 짝꿍이 없거든요.

석우가 돌멩이를 툭툭 찼어요.

"아야, 아파!"

'누구지?'

석우는 주변을 둘러보았어요.

"어딜 봐? 네 발밑에 있잖아."

석우가 발밑을 보았어요.

"돌, 돌멩이가 말을 하네?"

"물론, 나는 특별하니까."

특별한 돌멩이의 이름은 우돌이래요.
우돌이는 오랫동안 여행을 했대요.
산 따라 물 따라 멀리멀리서 굴러왔는데
그사이 울퉁불퉁했던 몸이 매끈매끈해졌대요.
석우가 물었어요.
"여기에는 어떻게 오게 된 거니?"
"강가에서 쉬고 있는데,
커다란 트럭이 나타나 여기로 실어 왔어."

"우돌아, 너 박물관 안에 들어가 봤니?"
"저기 있는 건물 말이지? 못 가 봤는데."
"나랑 같이 구경할래? 그래도 괜찮니?"
석우가 물었어요.
"당연하지!"
우돌이가 대답했지요.

지구는 어떻게 생겨났을까요?

지구는 약 46억 년 전에 태어났어요. 처음에 지구는 지금과 같은 환경을 갖추지 못했어요. 뜨겁게 펄펄 끓던 지구에 어떻게 생명이 살아가게 되었을까요?

마그마가 펄펄 끓던 지구

아주 오래전, 우주를 떠돌던 가스와 먼지들이 뭉치면서 암석 덩어리를 이루었어요. 암석 덩어리들은 서로 충돌해 합쳐 점점 크기를 키웠지요. 그중 하나가 바로 지구예요. 충돌이 있을 때마다 폭발적 에너지가 생기며, 지구의 온도는 엄청나게 올라갔어요. 그러자 암석이 녹아 지구의 표면에 마그마 바다가 만들어졌지요.

땅껍질이 생겨나

마그마 바다에서 철 같은 무거운 물질은 가라앉아 핵을 이루고, 규산염 같은 가벼운 물질은 떠올라 맨틀을 이루었어요. 이후 충돌이 줄고 지구가 식으며 맨틀 위에 얇은 땅껍질, 지각이 생겼지요.

바다와 대기가 생겨나고

펄펄 끓던 지구의 내부에서 수증기를 비롯한 기체들이 뿜어져 나와 대기를 이루었어요. 지구가 더 식자, 대기 중의 수증기가 식어서 비가 되어 내렸지요. 수증기가 증발해 대기를 이루고 다시 비가 되어 내리는 과정이 되풀이되며 바다가 만들어졌어요.

최초의 생명체가 등장해

지구에 생명이 어떻게 태어났는지는 분명하지 않아요. 과학자들마다 여러 가지 주장을 펼치고 있지요. 그중에 하나는 우주에서 왔다는 것이에요. 지각·대기·바다가 생긴 뒤, 지구에 운석(별똥)이 충돌해 그 속에 들어 있던 유기물이 퍼졌어요. 이 유기물이 여러 과정을 거쳐 최초의 생명체가 되었을 거라고 해요. 또 다른 주장으로는 바닷속 물질이 햇빛이나 번개와 반응을 일으켜 우연히 최초의 생명체가 탄생했다고 하지요.

> **tip** 지구의 역사를 바꾸어 놓은 생물
>
> 지구가 처음 태어났을 때는 산소가 거의 없었어요. 그러던 어느 날, 바다에 원시 생명체인 시아노박테리아가 나타났어요. 시아노박테리아는 햇빛과 물을 재료로 광합성을 해 산소를 만들어 냈지요. 시아노박테리아는 약 25억 년 전부터 5억 년 사이에 번성하며 엄청난 산소를 내뿜었어요. 그 덕분에 지구에 산소가 늘어나, 산소로 호흡하는 생명체가 탄생할 수 있었답니다.

지구에서 어울려 살아요

여러 요소들이 모여 하나의 지구계를 이뤄요. 지구계는 크게 지권, 기권, 수권, 생물권 등으로 나눌 수 있어요.

지권이란 무엇일까?

지권은 지구의 땅껍질인 지각부터 그 아래 맨틀, 그리고 핵까지 모두를 아울러요. 지각은 암석으로 이루어져 있고, 암석은 광물로 이루어져 있고, 광물은 원소로 이루어져 있어요. 수많은 원소 가운데 산소, 규소, 알루미늄, 철, 칼슘, 나트륨(소듐), 칼륨(포타슘), 마그네슘, 이 여덟 가지가 지각의 98%를 구성하고 있답니다.

원소	광물	암석	지각
물질을 이루는 기본 성분	암석을 이루고 있는 물질	광물이 모여 이루어진 단단한 물질	지구의 단단한 땅껍질

기권이란 무엇일까?

지구를 둘러싸고 있는 두께 1000km 정도의 대기를 말해요. 높이에 따른 온도 변화로 대류권, 성층권, 중간권, 열권으로 나누지요. 기권은 광합성과 호흡에 필요한 기체를 공급하고, 생명체가 살기에 적당한 온도를 유지해 줘요. 또 해로운 자외선을 막아 주지요.

수권이란 무엇일까?

바닷물, 강물, 지하수, 빙하 등 지구의 모든 물이에요. 이 가운데 바닷물이 수권의 97%를 차지해요. 물은 순환하며 지구의 기온을 일정하게 유지시키고, 바다로 이동하며 땅을 깎아 모양을 변화시켜요. 그뿐 아니라 생명체가 살아가는 데 필요한 자원을 공급해 줘요.

생물권이란 무엇일까?

인간을 포함한 지구의 살아 있는 모든 생물이에요. 생물은 크게 동물·식물·미생물로 나뉘지요. 생물의 광합성과 호흡은 기권의 성분을 변화시켜요. 미생물은 눈으로 볼 수 없을 만큼 작은 생물로, 죽은 생물의 몸체나 똥오줌을 분해해 토양의 성분을 변화시키지요.

어떤 상호 작용을 할까?

지구계의 구성 요소들은 서로 밀접한 관계를 맺고 끊임없이 영향을 주고받아요. 이것을 '상호 작용'이라고 해요.

최근에는 인간의 활동이 지구계에 미치는 영향이 더욱 커지고 있어요. 무분별한 개발로 인해 지구의 환경이 크게 변하고 있는 거예요. 인간이 지구계에 미친 나쁜 영향은 상호 작용에 의해 되돌아올 수 있다는 것을 꼭 기억하세요.

수증기가 구름을 이루고 비나 눈이 되어 내려요.

햇빛을 받아 수증기가 돼 올라가요.

화산 활동에 의해 가스와 물질이 뿜어 나와요.

식물이 광합성을 통해 이산화 탄소를 빨아들이고 산소를 내보내요.

생물이 호흡을 통해 산소를 빨아들이고 이산화 탄소를 내보내요.

암석이 햇빛·공기·물·생물 등의 작용으로 깎이고 부스러져요.

암석의 물질이 물에 녹아 이동해요.

바다는 날씨를 조절하고, 자원을 공급해 줘요.

지각은 생물이 살아가는 데 필요한 토양과 자원을 제공해요.

석우는 먼저 석기 시대관으로 갔어요.

돌도끼, 돌칼, 돌화살 등 돌로 만든 도구들이 가득했지요.

"이것 봐. 돌은 옛날부터 최고의 도구였네!"

우돌이가 으스대자 석우가 말했어요.

"석기 시대에나 최고였겠지.

지금은 컴퓨터와 스마트폰을 쓰는 시대라고."

"석우 넌 하나만 알고 둘은 모르는구나?
컴퓨터와 스마트폰을 만들 때도 돌을 이용해.
돌 속의 철, 구리, 알루미늄, 니켈 등을 뽑아내서
그것으로 부품을 만든다고."
우돌이의 말에 석우의 입이 저절로 벌어졌어요.
"그게 다 돌에서 나온다고?"
"당연하지!"

다음으로 광물관을 둘러보았어요.
색색의 돌이 빛을 반짝반짝 뽐내고 있었지요.
"우아, 아름답다."
"그래, 정말 아름답지?"
우돌이가 또 으스댔어요.
그때, 앞에 있던 연두가 갑자기 돌아섰어요.
그 바람에 석우와 부딪히고 말았지요.
"아야!"
연두가 넘어지며 엉덩방아를 찧었어요.

"전학생이 연두를 밀었어!"

누군가 소리치자 아이들이 덩달아 떠들어 댔어요.

"못됐다. 전학생."

"전학생 왜 그러냐?"

석우는 억울해서 눈물이 핑 돌았어요.

'나는 연두를 밀지 않았어.

연두가 나한테 부딪혔어.

그리고 난…… 전학생이 아니라 석우야.'

석우는 우물쭈물 입만 달싹이다 몰래 밖으로 빠져나갔어요.

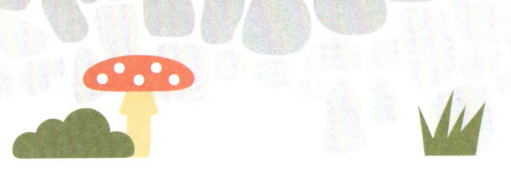

지구를 이루는 암석을 알아봐요

　암석을 흔히 '돌'이라고 불러요. 모든 물질은 더 이상 쪼갤 수 없는 원소로 이루어져 있어요. 원소는 광물을 이루고, 여러 종류의 광물이 뭉쳐서 암석이 되지요. 우리는 '지구의 땅껍질'이라고 할 수 있는 지각 위에 살고 있는데, 지각은 갖가지 암석과 암석이 부스러져 생긴 흙으로 이루어져 있어요. 지구의 속을 들여다보고 암석에 대해 알아볼까요?

지구 속의 암석

　지구의 속, 지각에서 맨틀까지는 암석으로 되어 있어요. 외핵과 내핵은 암석이 아닌 무거운 금속으로 이루어져 있지요.

딱딱한 지각

　지각은 암석으로 이루어진 지구의 땅껍질이에요. 대륙 지각은 바다 밑의 해양 지각보다 두껍지요. 대륙 지각의 평균 두께는 약 35km, 해양 지각의 평균 두께는 약 5km예요. 지각이 지구에서 차지하는 부피는 고작 1%랍니다.

물렁물렁한 맨틀

　딱딱한 지각 밑에는 맨틀이 있어요. 맨틀은 지각보다 훨씬 뜨거워요. 위쪽 맨틀은 높은 압력을 받아 단단한 편이고, 아래쪽 맨틀은 젤리처럼 물렁물렁한 고체로 되어 있어요. 맨틀의 일부는 암석이 녹아 액체 상태인 곳도 있답니다. 맨틀이 지구에서 차지하는 부피는 약 84%예요.

철로 이루어진 외핵과 내핵

　외핵은 맨틀과 내핵 사이에 있는 층이에요. 이곳의 주성분은 암석이 아니라 금속인 철인데, 녹아서 출렁출렁하는 액체 상태로 있어요.

　내핵은 지구 중심부에 있어요. 이곳의 주성분 또한 금속인 철이지만, 내핵의 철은 외핵과 달리 단단한 고체로 되어 있어요. 내핵은 지구에서 가장 뜨겁고, 가장 커다란 압력을 받는 곳이랍니다. 외핵과 내핵은 지구 부피의 약 15%를 차지해요.

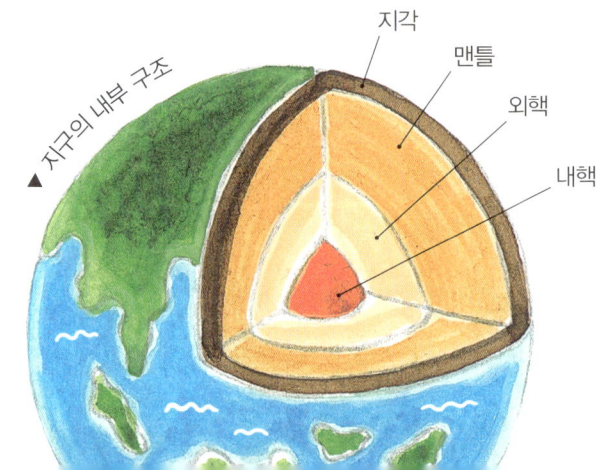

▲ 지구의 내부 구조

지구의 나이는 몇 살일까?

암석을 관찰해 지구의 나이를 알 수 있어요. 아프리카에서 발견된 암석의 나이는 36억 살, 그린란드에서 발견된 암석의 나이는 38억 살, 캐나다에서 발견된 암석의 나이는 40억 살이 넘어요. 이 암석들을 통해 지구의 나이가 적어도 40억 살이 넘었다는 걸 증명할 수 있지요. 한편 지구에 떨어진 운석(별똥)을 연구해 지구의 나이가 45억 살이 넘은 것을 밝혀내기도 했어요. 오늘날, 지구의 나이는 약 46억 살로 짐작하고 있답니다.

우리나라에서 가장 나이 많은 암석은?

그렇다면 우리나라에서 가장 나이 많은 암석은 몇 살일까요? 인천 대이작도의 해안 절벽에는 무려 25억 년이 넘은 암석이 있어요. 이 암석은 한반도 대륙의 발달사를 연구하는 데 중요한 자료예요.

◀ 대이작도의 가장 오래된 암석

tip 암석의 나이를 알려면?

암석의 나이를 어떻게 알까요? 암석이 만들어진 시기를 알아내는 방법에는 여러 가지가 있어요. 그 중 대표적인 것이 암석 속에 특정 물질이 얼마나 남아 있는지 측정하는 것이에요. 암석에 들어 있는 우라늄은 시간이 지나면서 분열해 납으로 변해요. 따라서 암석 속 우라늄과 납의 비율을 측정하면 암석의 나이를 알 수 있답니다.

암석 속에는 뭐가 있을까요?

　암석은 여러 종류의 광물로 이루어져 있어요. 암석을 이루는 광물은 무려 3500여 종이나 돼요. 대부분의 암석에는 여러 종류의 광물이 함께 들어 있지만 때로 한두 종류의 광물만 들어 있는 암석도 있어요. 수많은 광물은 저마다 다른 특징을 가진답니다.

색깔과 조흔색이 달라

　광물은 각각 독특한 색을 띠어요. 색을 보면 어떤 광물인지 구별할 수 있지요. 하지만 서로 다른 광물일지라도 비슷한 색을 띠는 경우가 있어요. 그럴 땐 조흔판을 이용해요. 조흔판은 유약을 바르지 않고 구운 도자기예요. 조흔판에 광물을 긁으면 가루가 생기는데, 이 가루의 색을 '조흔색'이라고 해요. 조흔색을 관찰해 광물을 구별할 수 있지요. 금, 황동석, 황철석은 겉보기엔 똑같이 노랗지만 조흔색이 다르답니다.

금
황동석
황철석

모양이 달라

　광물은 저마다 여러 개의 평면으로 둘러싸인 독특한 겉모양, 결정을 가지고 있어요.

석영
육각기둥 모양

장석
두꺼운 판 모양

흑운모
얇은 판 모양

방해석
기울어진 육면체 모양

굳기가 달라

광물에 따라 단단한 정도가 달라요. 어떤 광물은 무르고 어떤 광물은 단단하지요. 그래서 다른 광물끼리 서로 긁어 보면 무엇이 더 단단한지 금방 알 수 있어요. 독일의 광물학자 모스(1773~1839)는 표준이 되는 열 가지 광물의 굳기를 비교해 단단한 정도에 따라 등급을 정했어요. 가장 무른 광물은 활석으로 굳기가 1이고, 가장 단단한 광물은 다이아몬드로 굳기가 10이에요.

▲ 모스 굳기계

쪼개짐과 깨짐이 달라

힘을 가하면 광물은 쪼개집니다. 광물마다 쪼개지는 모양이 달라요. 예를 들어 흑운모는 얇은 판 모양으로, 방해석은 기울어진 육면체 모양으로 쪼개지지요. 반면 특별한 모양 없이 불규칙하게 깨지는 광물도 있답니다. 망치로 쳐서 쪼개짐과 깨짐을 알아보는 것도 광물을 구별하는 방법 중 하나예요.

tip 값비싼 광물, 보석

광물 중에는 매우 값비싼 것도 있어요. 빛깔이 아름다우며 반짝반짝 빛나는 단단한 광물, 바로 보석이지요. 목걸이나 반지 같은 장신구를 만드는 데 주로 쓰여요.

광물과 암석을 이용해요

사람들은 옛날부터 광물과 암석을 이용해 왔어요. 처음에는 광물과 암석을 그대로 썼으나, 과학 기술이 발전하면서 여러 형태로 가공해 생활에 이용할 수 있게 되었어요.

석기 시대에는?

처음에는 광물이나 암석을 깨서 도구를 만들었어요. 구석기 시대 도구로는 찍개, 주먹 도끼, 밀개, 자르개 등이 있지요. 특히 주먹 도끼는 찢고, 자르고, 찍고, 땅을 파는 등 다양한 일을 할 수 있는 만능 도구였어요.

이후 신석기 시대에는 광물이나 암석을 날카롭게 갈아서 조금 더 정교한 도구를 만들어 썼어요. 또한 흙으로 그릇을 만들었지요. 바로 토기예요.

▲ 구석기 시대의 주먹 도끼   ▲ 신석기 시대의 토기

제련 기술이 발달해

시간이 흐르며 암석에서 구리, 주석, 철 등의 광물을 캐내 도구를 만들었어요. 구리와 주석을 섞어 청동을 만들고, 이를 이용해 거울이나 칼 따위를 제작했지요. 광물을 녹여서 원하는 금속을 뽑아내는 일을 '제련'이라고 해요. 제련 기술이 발달하며 철을 이용해 더욱 튼튼한 도구를 만들게 되었답니다.

오늘날에는?

오늘날에는 다양한 분야에서 광물과 암석이 사용되고 있어요. 광물과 암석으로 만든 도구는 어디에나 있어요. 함께 찾아볼까요?

알루미늄
보크사이트에서 알루미늄을 뽑아내 자동차, 비행기, 캔 등을 만들어요.

흑연
흑연으로 연필심을 만들어요. 높은 열에도 잘 견디어서 쇠붙이를 녹이는 그릇으로도 써요.

구리
구리는 전기가 잘 통해 전선에 쓰여요. 또 파이프나 동전 등을 만들기도 해요.

석영
석영은 유리를 만들 때 써요. 휴대 전화나 컴퓨터의 부품, 태양 전지판에도 들어가지요.

철
철은 오래전부터 우리 생활에 널리 쓰였어요. 철로 기계, 자동차 등을 만들어요.

니켈
색소폰, 트럼펫 등을 만들어요. 니켈과 구리를 섞어서 자동차나 배의 부품을 만들기도 해요.

형석
망원경 렌즈, 현미경 렌즈, 카메라 렌즈 등을 만들어요. 철과 알루미늄을 제조하거나 납을 분해할 때도 쓰이지요.

장석
도자기의 원료를 만드는 데 써요. 장석으로 비료, 화약, 유리, 성냥 등을 만들기도 해요.

텅스텐
매우 단단해서 물체를 자르는 기계의 날을 만들 때 써요. 볼펜의 알도 텅스텐으로 만들어요.

우리 주변의 암석은 크게 화성암, 퇴적암, 변성암, 이 세 가지로 나눌 수 있어요. 이것들은 주로 건축물이나 조각품의 재료로 이용되지요. 이런 암석들이 어떻게 만들어지는지는 뒤에서 자세히 알아보기로 해요.

석우는 박물관 마당으로 나와
줄무늬를 띤 바위 뒤로 숨었어요.
"우돌아, 나도 바위처럼 단단해지고 싶어.
어떤 일에도 속상하지 않게."
석우의 말에 우돌이가 대답했어요.
"이 커다란 바위는 나이가 무척 많아.
자갈, 모래, 진흙 등이 오랜 세월 층층이 쌓여
단단한 줄무늬 바위가 되었지.
너도 경험을 층층이 쌓으면 언젠가 바위처럼 단단해질 거야."
석우는 바위의 줄무늬를 들여다보았어요.
줄무늬 안에 오랜 세월이 담겨 있다니 놀라웠지요.
신기하게도 마음이 점점 진정되었어요.

우돌이가 또 말했어요.

"석우야, 단단한 바위도 변화를 겪어.

바람과 강물에 깎여 부스러져 차곡차곡 쌓여 퇴적암이 되고,

압력을 받아 변성암이 되고, 열에 녹았다 굳어져 화성암이 돼.

세상 모든 건 다 변화해."

알쏭달쏭하지만 어쩐지 힘이 나는 말이었어요.

석우는 벌떡 일어나 엉덩이를 털었어요.

"우돌아, 나 화석을 보고 싶어. 같이 갈래?"

"당연하지!"

화석관에는 여러 가지 화석이 있었어요.
"저 화석을 봐. 아주 오래전 공룡 시대 생물이
땅속에 묻혀 돌처럼 굳어 만들어진 거야. 멋지지?"
"화석은 대단해. 지구의 역사를 간직하고 있네?"
그때였어요.
연두가 살며시 다가왔어요.
"석우야, 아까 오해받게 해서 미안해.
애들한테 내 실수라고 말했어."
"괜찮아. 넌 안 다쳤어?"
석우의 말에 연두가 활짝 웃었어요.
"난 통뼈야. 화석보다 더 단단할걸?"

암석은 돌고 돌아요

암석은 만들어진 방법에 따라 화성암, 퇴적암, 변성암으로 구분돼요. 암석은 오랜 시간 동안 끊임없이 변화하며 돌고 도는 순환을 하지요.

마그마가 화성암을 만든다고?

화성암의 재료는 마그마예요. 땅속 깊은 곳에는 암석이 열에 녹아 액체 상태가 된 마그마가 있어요. 이 마그마가 식어 굳으면 화성암이 되지요.

화성암은 크게 화산암과 심성암으로 나누어요. 마그마가 땅 밖으로 나와 빠르게 식어 만들어진 것이 화산암이에요. 땅속 깊은 곳에서 천천히 식어 만들어진 것은 심성암이지요. 대표적 화산암에 현무암이 있고, 대표적 심성암에 화강암이 있어요.

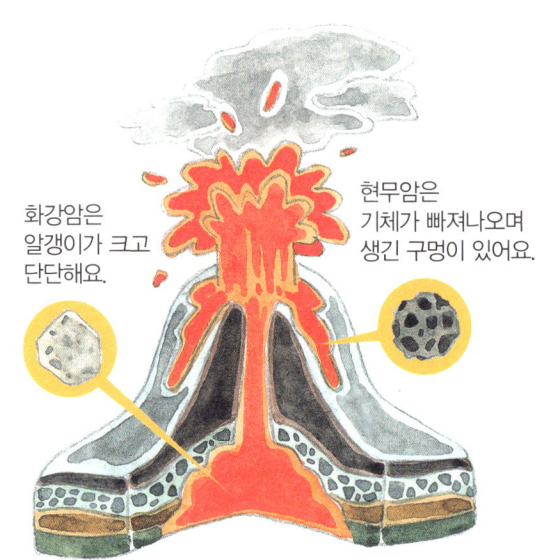

화강암은 알갱이가 크고 단단해요.

현무암은 기체가 빠져나오며 생긴 구멍이 있어요.

쌓이고 쌓여 퇴적암이 된다고?

강물이나 바람 등에 의해 옮겨진 물질들이 오랜 세월에 걸쳐 쌓여 굳으면 퇴적암이 돼요. 퇴적암은 쌓인 물질의 종류와 크기에 따라 나누어요. 이암과 셰일은 진흙이 쌓여서, 사암은 모래와 진흙이 쌓여서, 역암은 자갈과 모래 그리고 진흙이 쌓여 만들어졌지요. 석회암은 조개껍데기, 산호 등이 쌓여 만들어진 암석이랍니다.

이암 셰일 사암 역암 석회암

변해서 변성암이라고?

땅속 깊은 곳에 있는 암석이 높은 열이나 압력을 받으면 성질이 변해요. 광물의 크기가 커지거나, 새로운 광물이 생기기도 하지요. 또는 광물에 또렷하고 굵은 줄무늬가 나타나기도 해요. 이러한 과정을 거쳐 만들어진 암석이 변성암이에요.

암석은 끊임없이 순환해

펄펄 끓던 마그마가 땅속이나 땅 밖에서 식어 굳으면 화성암이 돼요. 암석이 강물이나 바람 등에 의해 깎이고 쌓이면 퇴적물이 되고, 이 퇴적물이 굳어 퇴적암을 이루지요. 암석이 땅속 깊은 곳에서 열이나 압력을 받으면 변성암이 되고, 더 높은 열과 압력을 받으면 다시 마그마로 변해요. 이렇게 암석은 화성암이 되었다가, 퇴적암이 되었다가, 변성암이 되었다가 해요. 환경에 따라 끊임없이 변화하며 순환하지요.

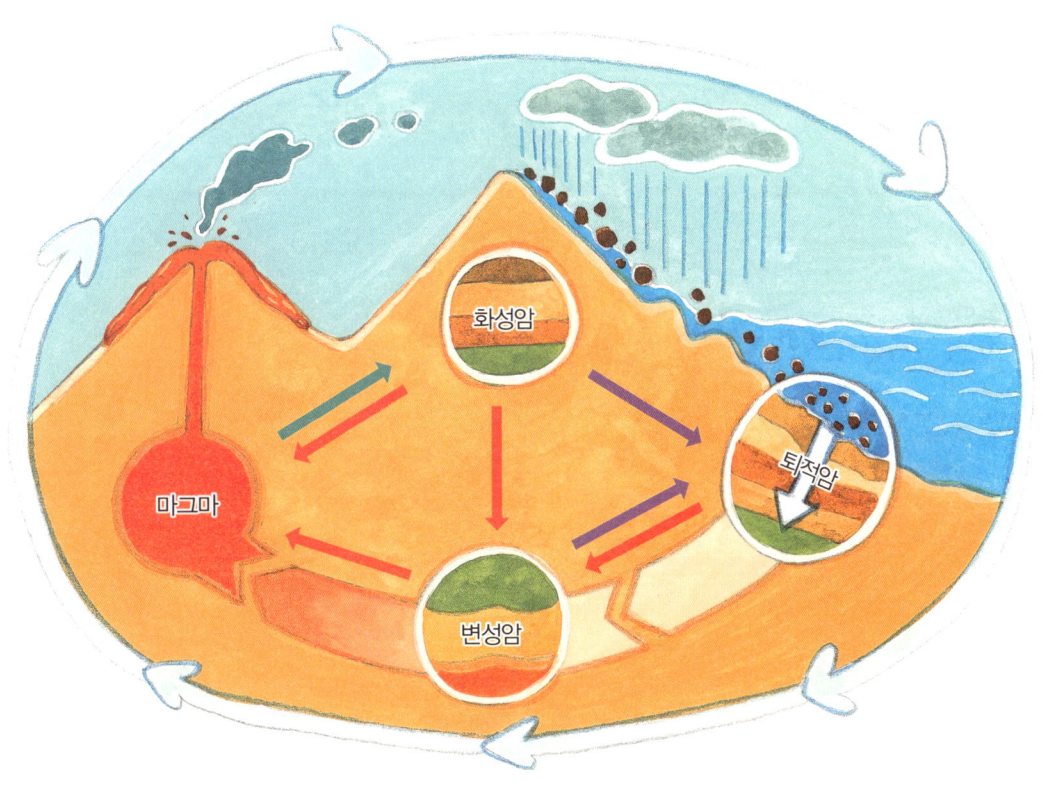

지층과 화석이 과거를 알려 줘요

퇴적암은 지구의 역사를 품고 있어요. 퇴적암에서 발견되는 지층과 화석은 과거에 그곳이 어떤 환경이었는지, 그곳에서 어떤 생물이 살았는지 알려 주지요.

무지개떡처럼 층층이 쌓이는 지층

강물이나 바람 등에 의해 깎이고 쌓인 퇴적물이 오랜 세월에 걸쳐 굳으면 퇴적암이 된다고 했지요? 암석이 층으로 쌓여 있는 것을 '지층'이라고 하는데, 퇴적암에서 볼 수 있어요. 지층 위에 다른 지층이 쌓이고, 또 다른 지층이 쌓여 만들어져서 대부분 무지개떡처럼 줄무늬를 띠지요. 층에 따라 알갱이의 종류와 크기, 색깔, 두께 등이 달라 쉽게 구분할 수 있어요. 우리는 지층을 관찰해 얼마나 오랫동안 쌓여 왔는지, 퇴적물이 어떻게 달라졌는지 등을 알 수 있어요.

지층은 구부러지고 끊어지기도 해

어떤 지층은 구부러지기도 하고 끊어지기도 해요. 오랜 세월 동안 강한 힘을 받아서 생기는 현상이지요. 구부러진 지층을 '습곡'이라고 해요. 양쪽에서 미는 힘이 가해져 지층이 물결 모양으로 구부러져요. 끊어진 지층을 '단층'이라고 해요. 양쪽에서 미는 힘이나 당기는 힘이 작용해 지층이 갈라져 어긋나는 것이랍니다.

지층 속 보물, 화석

지구에서는 오랜 세월 동안 많은 생물이 살았어요. 지층에 남아 있는 화석을 통해 우리는 과거에 그곳이 어떤 환경이었는지, 그곳에서 어떤 생물이 살았는지 알 수 있어요.

예를 들어 산호 화석이 발견되었다면 그곳이 따뜻한 바다였다고 추측할 수 있어요. 산호는 따뜻한 바다에 사는 생물이거든요. 뼈나 발자국 화석을 통해서는 동물의 모습과 크기를 상상할 수 있지요. 화석은 지구의 과거를 알려 주는 중요한 열쇠예요. 그 때문에 많은 과학자들이 화석을 연구하고 있어요.

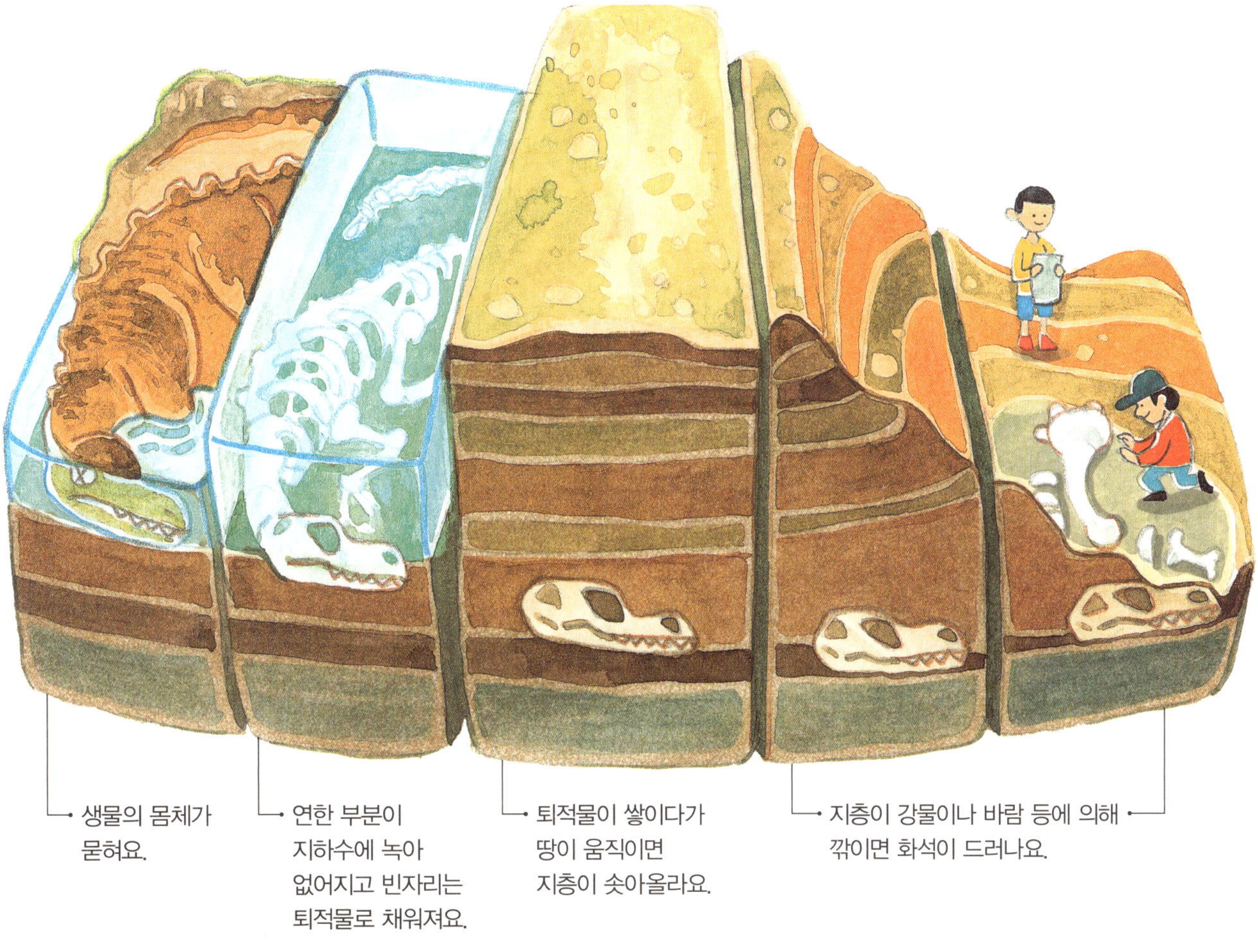

- 생물의 몸체가 묻혀요.
- 연한 부분이 지하수에 녹아 없어지고 빈자리는 퇴적물로 채워져요.
- 퇴적물이 쌓이다가 땅이 움직이면 지층이 솟아올라요.
- 지층이 강물이나 바람 등에 의해 깎이면 화석이 드러나요.

다음 날이었어요.

연두가 전화를 걸어 왔어요.

"석우야, 우리 집에 놀러 올래? 솔이랑 같이 놀자."

석우는 어리둥절했어요.

"같이 놀자고? 나랑?"

"응! 셋이 놀면 더 재미있을 거야."

"우돌아, 연두랑 솔이랑 친해질 수 있을까?"
석우의 말에 우돌이가 대꾸했어요.
"그럼, 어서 다녀와!"

연두의 방에는 세계 지도가 걸려 있었어요.
연두가 태평양을 손가락으로 가리켰어요.
"우리 아빠는 참치잡이 배를 타고 태평양에 가 있어."
솔이도 지도 한쪽을 꾹 눌렀어요.
"우리 아빠는 일주일째 베트남에 출장 가 있어."
석우는 반가웠어요.
"우리 아빠는 여객선을 운전해 중국으로 갔는데.
우리 셋 다 아빠가 외국에 있구나."

"옛날에는 대륙이 하나로 붙어 있었대.
그러다 대륙이 갈라지고 이동해 지금처럼 변했대."
연두가 말했어요.
"대륙이 하나라면 나라 사이에 바다가 없었을 거야.
바다가 없으니 배도 다니지 않았겠지?"
석우는 대륙이 하나라면 어떨지 상상해 봤어요.
대륙들이 찰싹 붙어 있었다고 생각하니
재미있었어요.

지구는 판으로 이루어졌어요

지구의 표면은 크고 작은 암석 판으로 이루어져 있어요. 마치 퍼즐 조각 같지요. 판은 맨틀 위에 떠서 천천히 움직이며 지금과 같은 지형을 만들었어요. 이 학설을 '판 구조론'이라고 해요.

대륙이 이동한다고?

1912년, 독일의 과학자 베게너(1880~1930)는 대륙 이동설을 내놓았어요. 약 3억 년 전에 모든 대륙은 하나의 덩어리로 붙어 있었고, 이후 갈라지며 오늘날의 모습을 이루게 되었다는 것이에요. 베게너는 대륙 이동설에 대한 증거를 모아 발표했지만 그 당시에는 받아들여지지 않았어요. 대륙을 움직인 힘이 무엇인지 설명하지 못했기 때문이지요.

> **tip** 베게너가 찾아낸 대륙 이동의 증거는?

1. 현재 떨어져 있는 남아메리카 대륙 동해안과 아프리카 대륙 서해안의 해안선이 맞물린 모양이에요.
2. 현재 떨어져 있는 북아메리카 대륙과 유럽 대륙에서 같은 구조와 암석으로 이루어진 산맥을 찾을 수 있어요.
3. 아프리카, 오스트레일리아, 인도 등 현재 따뜻한 지역에서도 빙하의 흔적이 발견돼요.
4. 멀리 떨어져 있는 대륙에서 같은 종류의 화석이 발견돼요.

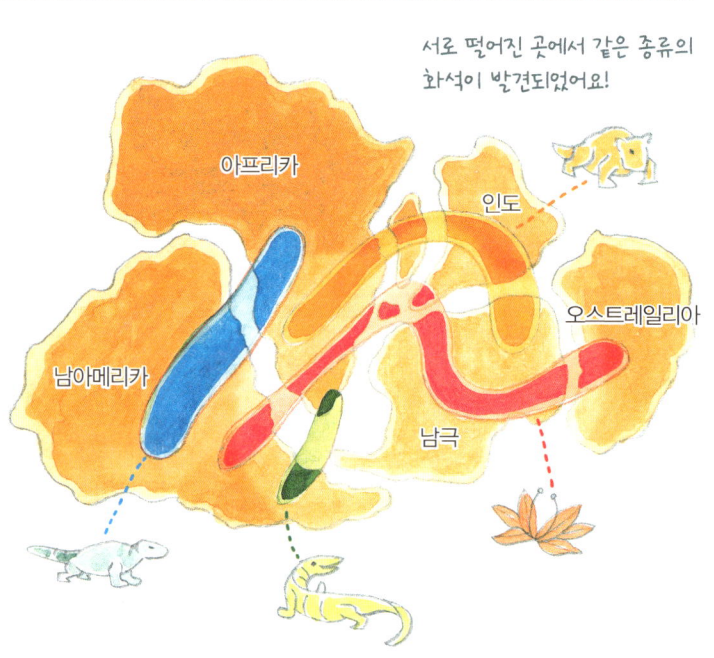

맨틀이 움직인다고?

1928년, 영국의 과학자 홈스(1890~1965)가 맨틀 대류설을 발표했어요. 액체나 기체가 열을 받으면, 가벼워진 물질은 위로 올라가고 위에 있던 무거운 물질은 아래로 내려와요. 이렇게 물질이 직접 이동하면서 열이 고루 전달되는 현상을 '대류'라고 해요. 홈스는 맨틀의 아랫부분이 윗부분보다 뜨거워서 대류가 일어나며, 이에 따라 맨틀 위 지각이 이동한다고 생각했어요.

1962년, 미국의 과학자 헤스(1883~1964)는 바다 밑 마그마가 올라오는 해저 산맥에서 새로운 해양 지각이 만들어지고, 새로운 해양 지각이 양옆으로 이동하면서 바다가 넓어진다고 주장했어요. 이 이론들 역시 당시에는 증거가 부족해 인정받지 못했지요.

판 구조론이란?

여러 이론과 증거가 모여 1960년대 후반에 판 구조론이 등장했어요. 지구의 표면은 여러 개의 크고 작은 암석 판으로 이루어져 있으며, 각각의 판들은 맨틀의 대류에 의해 서로 다른 방향으로 이동하며 갈라지고 충돌하고 스쳐 지나간다는 것이지요.

◀ 지구의 표면은 여러 개의 판으로 이루어져 있으며, 각각의 판은 서로 다른 방향으로 매우 느리게 움직이고 있어요.

산맥은 솟기도 하고 가라앉기도 해요

다양한 지형은 강물이나 바람뿐만 아니라, 지구 내부의 힘에 의해서도 만들어져요. 이번에는 거대한 산맥이 어떻게 만들어지는지 알아보기로 해요.

산맥을 만드는 조산 운동

두껍게 쌓인 지층이 양쪽에서 미는 힘을 받으면 물결 모양의 습곡 산맥이 생겨요. 높고 험하기로 유명한 히말라야 산맥을 알지요? 먼 옛날 바다였던 이곳에 퇴적물이 두껍게 쌓여 지층이 형성되었어요. 그러다 판과 판이 부딪히는 과정에서 땅이 솟아 산맥이 생겼지요. 이렇게 산맥을 만드는 지각의 변화를 '조산 운동'이라고 해요. 히말라야 산맥은 지금도 조금씩 높아지고 있어요. 판과 판이 부딪혀 생기는 미는 힘이 여전히 작용하고 있거든요.

히말라야 산맥 꼭대기에서는 바다 생물의 화석이 발견돼요. 이것을 보면 먼 옛날에 이곳이 바다였던 것을 알 수 있지요.

솟거나 가라앉는 조륙 운동

지각이 위로 솟아오르거나(융기), 아래로 가라앉으면서(침강) 새로운 지형이 만들어져요. 이것을 '조륙 운동'이라고 해요. 조륙 운동은 조산 운동에 비해 넓은 지역에 걸쳐 서서히 일어나지요.

한 예로 지각 위 빙하가 녹아 없어지면 누르는 힘이 줄어들어 융기가 일어나요. 마찬가지로 바람이나 물에 의해 땅이 깎인 곳에서는 누르는 힘이 줄어들어 융기가 일어나지요. 북유럽 대륙의 스칸디나비아반도는 무거운 빙하가 녹으며 서서히 솟아오르고 있답니다.

반대로 빙하나 퇴적물이 두껍게 쌓이면 누르는 힘이 커져 침강이 일어나요. 지각이 서서히 가라앉으면 해안선 모양이 복잡한 리아스식 해안이 만들어져요. 우리나라의 남해안 역시 산이 가라앉으며 바닷물에 서서히 잠겨 모양이 복잡해진 거예요.

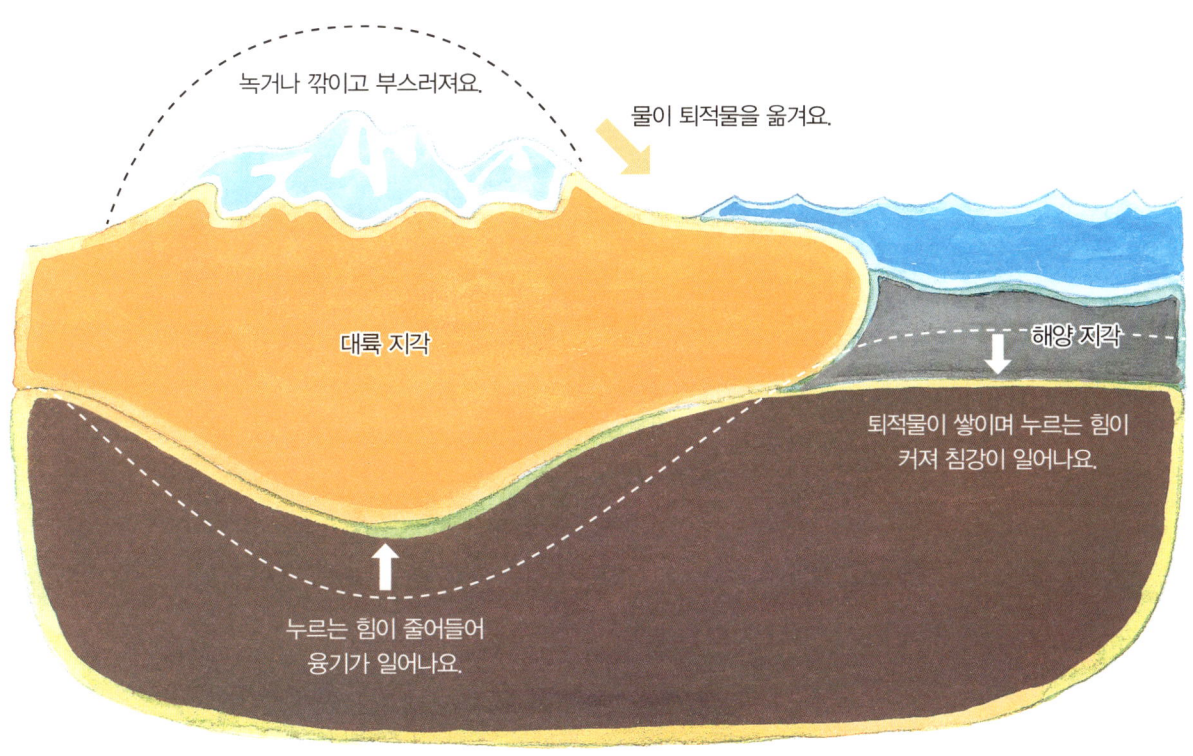

갑자기 세계 지도가 파르르 떨리기 시작했어요.
"도대체 무슨 일이지?"
"무서워!"
셋은 서로를 꼭 안았어요.

다행히 흔들림은 금세 멈추었어요.
마침 텔레비전에서 뉴스가 흘러나왔어요.
지진이 일어났다고요.
"휴, 셋이 같이 있어서 다행이야."
"응, 혼자였으면 엄청 무서웠을 거야."
'아차, 우돌이가 혼자 있는데!'

석우는 얼른 집으로 달려갔어요.
그런데 어쩐 일일까요?
우돌이가 보이지 않았어요.
"우돌아, 우돌아! 어디 있어?"
어디선가 소리가 들렸어요.
"석우야, 머리 위를 봐!"
머리 위에 황새가 있었어요!

"나, 황새랑 친구가 되었어. 둘이서 화산을 보러 갈 거야!"
우돌이가 명랑하게 외쳤어요.
"우돌아, 우리 또 볼 수 있지?"
"당연하지!"
석우는 멀어지는 우돌이를 보며 크게 손을 흔들었어요.

화산 활동과 지진은 왜 일어나요?

판은 맨틀 위에서 조금씩 움직이며 서로 밀려 나거나 부딪히고 있어요. 판과 판이 만나 밀려 나고 부딪히는 곳에서는 화산 활동과 지진이 자주 일어나요. 왜 그런 것일까요?

화산 활동과 지진이 활발한 불의 고리

화산 활동과 지진은 비슷한 곳에서 일어나요. 판과 판이 서로 밀려 나거나 부딪히면서 화산 활동과 지진이 생기기 때문이지요. 특히 태평양 판을 중심으로 여러 판이 충돌하는 경계에서는 지각 운동이 활발해요. 이곳에 전 세계 화산의 약 75%가 분포하고 이곳에서 전 세계 지진의 약 80%가 일어나지요. 이곳을 가리켜 '불의 고리'라고 불러요.

우르르 쾅쾅, 화산

판들이 서로 부딪힐 때 한쪽 판이 다른 판 아래로 들어갈 수 있어요. 아래로 들어간 판은 뜨거운 열에 녹아 마그마가 돼요. 땅속의 마그마는 펄펄 끓다가 지각의 약한 부분을 뚫고

우르르 쾅쾅 땅 위로 솟아나요. 이것이 화산 폭발이에요. 화산이 분출할 때는 마그마만 나오지 않아요. 가스와 부스러기(화산재) 등도 함께 나오지요. 화산 가스는 대부분 수증기이며 이산화 탄소, 이산화 황, 수소, 질소 등도 포함해요. 마그마가 땅 밖으로 나온 것을 '용암'이라고 해요. 용암은 높은 곳에서 낮은 곳으로 흘러가며 점점 식어 암석으로 굳지요.

덜덜덜, 흔들리는 지진

판과 판이 서로 부딪히면 지층이 끊어져 단층이 생겨요. 이때의 충격으로 지각이 흔들리며 움직이는 것이 지진이에요. 지진이 처음으로 발생한 곳을 '진원'이라 하고, 진원 바로 위에 있는 지점을 '진앙'이라고 해요. 지진이 나면 진앙에서 흔들림이 가장 크고, 진앙에서 멀어지면 멀어질수록 흔들림이 작아져요.

화산 폭발이나 지진은 자연재해로, 엄청난 피해를 입힐 수 있어요. 피해를 줄이기 위해 평소에 대처 방법을 익혀 두는 것이 좋아요.

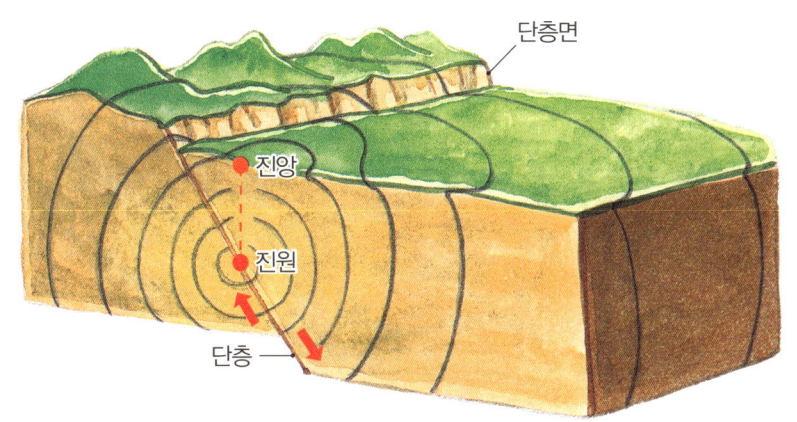

> **tip** 코끼리와 메기 때문에 지진이 일어난다고?
>
> 과학 지식이 부족했던 옛날에는 지진의 원인을 엉뚱한 데서 찾았어요. 인도에서는 여덟 마리의 코끼리가 지구를 받치고 있는데, 그중 한 마리의 힘이 빠지면 땅이 기울어져 지진이 일어난다고 생각했어요. 일본에서는 땅속에 사나운 메기가 살고 있다고 믿었어요. 신이 이 메기를 돌로 꼭 눌러 놓았다고 해요. 신의 감시가 약해져 메기가 날뛸 때마다 일본인들은 지진이 일어난다고 생각했지요.

화산과 지진은 어떤 영향을 줄까요?

 화산과 지진은 많은 것을 파괴해요. 화산과 지진으로 삶의 터를 잃어버린 사람들이 무척 많아요. 화산과 지진이 주는 영향을 함께 알아봐요.

화산은 해롭기도 이롭기도 해

 화산 폭발은 주변 환경을 바꾸어 놓아요. 화산재가 오랫동안 대기를 덮어 햇빛을 막으면 기온이 떨어질 수 있어요. 뜨거운 용암에 건물과 사람이 휩쓸릴 수도 있고요. 화산에서 쏟아져 나온 암석이나 자갈 등이 마을을 덮치기도 해요.

 그런데 이렇게 무시무시한 화산 폭발이 늘 사람들에게 피해만 입히는 것은 아니에요. 위험하게 활동하지 않는 화산은 특별한 자연 경관을 이루어 많은 관광객을 불러들여요. 또한 화산재에는 이로운 영양분이 가득해 화산재가 쌓인 땅은 기름진 농경지가 돼요. 이곳에 농사를 지으면 더 많은 수확을 얻을 수 있답니다. 그뿐만 아니라 화산 근처의 땅에서 온천이 솟기도 해요. 땅속의 뜨거운 열이 지하수를 덥혀 온천을 만들거든요.

 한편 화산이 많은 지역에서는 땅속 열을 이용해 전기를 생산하는 지열 발전도 이루어지고 있어요.

지진이 일어나면?

지진이 나면 땅이 흔들려요. 심한 지진에 땅이 갈라지기도 하고, 건물이 무너지기도 해요. 전기와 수도가 끊기고, 가스와 전기 사고로 화재가 날 수도 있어요. 둑이 무너져 물난리가 나기도 해요. 지진은 많은 사람이 생명을 잃을 수 있는 위험한 재난이지요. 대피법을 알아야 피해를 줄일 수 있답니다.

tip 지진이 발생하면 이렇게!

지진으로 흔들릴 때
떨어지는 물건에 다치지 않도록 책상이나 탁자 밑으로 들어가 다리를 꽉 붙잡아요.

흔들림이 멈췄을 때
가스 밸브를 잠그고 전기 차단기를 내려 화재를 막아요. 문을 열어 나갈 길을 확보해요.

건물 밖으로 나갈 때
엘리베이터는 작동이 멈추거나 추락할 수 있으므로 반드시 계단을 통해 대피해요.

건물 밖으로 나왔을 때
가방이나 방석 등으로 머리를 보호하며 건물과 담 등을 피해 이동해요.

대피 장소를 찾을 때
운동장, 공원 등 주변에 쓰러질 게 없는 넓은 장소로 대피해요.

대피 장소에 도착한 뒤
라디오나 텔레비전을 통해 바른 정보를 파악하고 행동해요.

글 오주영 | **그림** 심보영 | **감수** 정관영 | **사진** shutterstock, 연합포토
펴낸날 2018년 1월 3일 초판 1쇄, 2019년 4월 30일 초판 3쇄
펴낸이 김상수 | **기획·편집** 서유진, 조유진 | **디자인** 문정선, 조은영 | **영업·마케팅** 황형석, 김송이
펴낸곳 루크하우스 | **주소** 서울시 성동구 아차산로 143 성수빌딩 208호 | **전화** 02)468-5057~8 | **팩스** 02)468-5051
출판등록 2010년 12월 15일 제2010-59호

www.lukhouse.com
cafe.naver.com/lukhouse

© 오주영, 심보영 2018
저작권자의 동의 없이 무단 복제 및 전재를 금합니다.

ISBN 979-11-5568-311-8 74400
ISBN 979-11-5568-264-7 (세트)

※ 잘못된 책은 구입처에서 바꾸어 드립니다.
※ 값은 뒤표지에 있습니다.

상상의집은 (주)루크하우스의 아동출판 브랜드입니다.